DIESES BUCH GEHÖRT:

I0394104

www.ingramcontent.com/pod-product-compliance
Lightning Source LLC
Chambersburg PA
CBHW021844170526
45157CB00007B/2936
* 9 7 8 1 0 7 4 7 8 9 4 9 7 *